Piano Forte

lucia lanza

sillogi

"ARTE ITE EST" (1990)

FRAMMENTI '90 (da “Eco-logica”)

Minime *(dal 2006 al 2009)*

Mosaico

Unarosadinverno

Le ricette di Justine

Onirica

Unica

untitled

"ARTE ITE EST" (1990)

(...) quest' ombra è lenta e non fa male: scorre come un mite pendio e somiglia all'eterno (...)

J.L.Borges - elogio dell'ombra

PENOMBRA

Scendi a velo a corpo, sul plastico a dare corpo

a corpo piano

segni cupe missive, fondi un gesto

di armi e mani di rame

sfondi e fondi sonda breve

rilevi tavole dal piano

paese dove non più sole, un manto cala basso sul palmo

e rapido quando un vento veloce

e chiaro di anime e giovani dimore

ergono non-rifugi:

IL VENTO NELLE MANI

La Biblioteca perdurerà: illuminata, solitaria, infinita,

perfettamente immobile, armata di volumi preziosi,
inutile, incorruttibile, segreta. Aggiungo: infinita.

J.L.Borges

NAVIS

non fare segretezza guscio di noce (in senso buono)

di miniere di stagno perdutamente

il nocchiero parla dei venti

e dei buoi l'aratore

nelle regioni entroterra

a qualche cosa sempre ritornerà scandimento

Se... riesci a costringere il tuo cuore, i tuoi nervi, i tuoi polsi a sorreggerti, anche dopo molto tempo che non te li senti più, ed a resistere quando ormai in te non c'è più niente, tranne la tua volontà che ripete ...resisti;

Rudyard Kipling

RESISTO

dimmi: ferma presso le foreste

una sorgente totale di assiduo canto

fa risuonare salto in aspersione serica

così si respirò

Per le sue passate o future virtù, ogni uomo è creditore d'ogni bontà, ma anche di ogni tradimento, per le sue infamie del passato e del futuro.

J.L.Borges

VESTER

per ogni mutazione e cambiamento serotino

il cielo gira intorno a se stesso

tra i primi vagante

il papavero consuma la terra

nel corso dell'anno fortuna muta in espero.

la stella della sera

Nessuno è qualcuno, un solo uomo immortale è tutti gli uomini.

J.L.Borges

EO

passano gli anni a guisa d'acqua corrente

la cosa procede bene per la stella del mattino

nel registro dei fatti quotidiani

Non c'è cosa che non sia come perduta tra infaticabili specchi.

J.L.Borges

MULTUM

poco o assolutamente nulla

uno dei tanti profumato diffusamente

l'alto cielo sussurra di mirra

arginamento dei fiumi muscoso

lastricamento delle vie

mormora Musa di mirto

la natura aveva difeso l'Italia con le Alpi

(...) ho avuto momenti di gioia ma se potessi tornare indietro

cercherei di avere soltanto buoni momenti (...)

J.L.Borges

NI

verso nessuna delle due parti senza saperlo

con brillare d'unguenti che porta nembi di verità

troppo, anche troppo io non so

se l'anima sia un soffio o una scintilla

stile brillanti campagne ridenti

in tempo di pace il bidente e il vomere risplendono

nulla finora

(...) se potessi vivere di nuovo

comincerei ad andare scalzo all'inizio della primavera (...)

J.L.Borges

F

uscire correndo: l'ira degli animi (rinnovamento del dolore)

- qual dio ci scoprì quest'arte?

il fiume trabocca irritato la favola di tutti

gli artigiani maneggiano gli strumenti

quando il lavoro abbia scacciato via la noia

quercia strappata fin dalle radici perduta

Devastato il giardino, profanati i calici e gli altari, gli unni entrarono a cavallo nella biblioteca del monastero e lacerarono i libri incomprensibili, li oltraggiarono e li diedero alle fiamme, temendo forse che le pagine accogliessero bestemmie contro il loro dio, che era una scimitarra di ferro.

J.L.Borges

I

essere disteso sulla soglia, giacere su di un sasso

scagliare dardi dal vallo e dalle torri

sparger fiori - mi sarei precipitato in mare -

applauso

(...) alla fine dei secoli tutte le cose

riacquisteranno il loro stato anteriore (...)

J.L.Borges

PUNGO

dove fosse caduta una folgore

in un istante (universale approvazione)

orecchio pronto ad ascoltare

che mi tolse il sonno

specie d'erba odorosa

tanti serpenti sulla tua fronte stringono il pugno

Bruciarono palinsesti e codici, ma nel cuore del rogo, tra la cenere, rimase quasi intatto il libro della Civitas Dei (...)

J.L.Borges

PORTENDO

quale speranza si prospetta per i latini?

per quali vie le vie del passo sul monte Tauro

spinge avanti l'armento

fin dove stendevasi il terreno aperto

campagne estese e piane feraci di pioppi

fanno costruire un ponte di barche presso il fiume

a nuove cose si impongono nuovi nomi

il mare si calma

Se io potessi vivere un'altra volta la mia vita nella prossima cercherei di fare più errori non cercherei di essere tanto perfetto, mi negherei di più, sarei meno serio di quanto sono stato, difatti prenderei pochissime cose sul serio.

J.L.Borges

SUMO

grano dai campi il lusso della mensa

(noleggiare una nave tutta)

riceve lode e prende tempo altero

ti tutto nulla rimane

cresce la speranza ai piedi del colle

intorno a ciò ti scriverò su verdi fronde

quelli che sono che furono e che saranno

finchè vivrò a portare un peso

si può avanzare fino a un certo punto

se non si può andare più in la

(questa fontana si chiama Aretusa)

Se riuscirai a sognare senza che il sogno sia il padrone...

Rudyard Kipling

ORTUS

spunta il giorno successivo

e tutto sta nell'espressione del volto

con bocca rotonda far udire la voce

(gli elefanti con le torri e i finimenti)

un prodigio o tassa sulle porte

come vuole anche la ragione

e presentare cento leoni per diffondere nebbia

Ma quella nuvola fiorì solo un istante

e quando riguardai sparì nel vento.

B.Brecht

OS

spira aura dalle valli

il vento agita le onde

ravviva le fiamme:

i libri così vennero alla luce

Essi sapevano che in un tempo infinito ad ogni uomo accadono tutte le cose.

J.L.Borges

PERPES

striscia attraverso, trascina intorno

nota con precisione

distesamente ciò che vedi

e lascia passare la pioggia

per i restauri del Tempio

(vorrei che mi scrivessi)

spezza la porta con la scure

avendo sopportato a lungo

a perpendicolo amaro

succo d'essenzio

paludi e selve ininterrotte

ampio saluto

E per la forza di una parola, io ricomincio la mia vita

Paul Eluard

NAVITA

NE DICAM

NE MULTA DICAM

NE VIVAM

NE TRIBUM COLUMELLA

CUBITI ALTIOR

NE MINU

NE TU

TAM NECESSARIO TEMPORE

HABEO NECESSE SCRIBERE

NECTAR NECTARE COMAM MYRTO E NEGISTO

(per non dire, in breve, possa io morire, una colonnetta non più alta (non meno) di tre cubiti - certamente tu - in un momento così difficile sono obbligata a scrivere cosa dolce e gradevole, incoronare la chioma di mirto e continuare a negare)

FRAMMENTI '90

Da “Eco-logica”

I

Del tempo

In altalena le idee

disputando verità

movimento del mare

e riflesso del cielo

nello specchio veggente.

*

II

Cronologici spostamenti crepuscolari

regni dell'incontaminata notte

presente ed invisibile

solo immaginabile

ora falce

più avanti disco perfetto

Luna delle tenebre estive

ludici veli strappati a sipari fiabeschi:

si muovono e avanzano sospinti

dall'alito in Eterno.

*

III

Entra nella stanza

colloca oggetti e volumi

istalla permanenti solidi

alla ricerca di presenze

orienta un percorso pensato

(gli incontri non mancano)

si fissano appuntamenti visivi.

*

IV

Sature e profonde - uno squarcio -

voragine nella terra

dove giacevano esistenze

interrate germinavano un filo

un'erba ombelicale protesa alla luce

Anime grave di ombre e dubbi :

briciole.

*

V

Quadrati di siepi

tappeti di rame

tagli di luce - radente

raggi di luce - stagliati

rilievi aggiunti sottili

di puzzle naturali

dove integra è la rima delle stagioni

e sensibile

la variazione delle temperature.

*

VI

Di carta

tingendo affreschi esfolianti

alternando luci e ombre

in susseguente mosaico

cantilena modulata

in gradazioni armoniche.

*

VII

Sedimenti di tuberosa e rosolio
velano pallide muffe
avvolgendo e svolgendo
nel mistero:
i segreti familiari dimorano
celano in pesanti panneggi
ornamenti pudichi.

*

VIII

Orpelli della mente

arricchiscono lo scheletro freddo

delle necessità

qui riuniti a recitare galanterie

malinconici sguardi

ormai polvere e cenere.

*

IX

L'emisfero sinistro con il destro

nella decontaminazione in atto

dagli schemi - dai luoghi -

nel regno altro

dell'immaginario

promuovendo pulsioni

sotterranee possibilmente censurabili

rimosse nella capace stanza dell'inconscio

dove ognuno vela segrete aspirazioni

- frugare luoghi –

inviolabili.

*

X

Le porte qui

non hanno chiavi

anche le sedie possibilmente

non hanno gambe

l'ego coronato

al divieto ribellato

con grida capricciose

quanto sofferto.

*

XI

Limpide sensazioni

trasparenze opacizzate

all'aria - all'acqua

salsedine all'onda rapita da nubi filanti

gorghi marini

e l'onda - il sale

la cresta spumosa

in velo etereo.

*

XII

Narrazioni interiori

ordire storie quotidiane

tessere l'immaginario

di necessità secondarie

il pensiero annoda i ricordi

sfilare un sentimento

da sottili tramature

ancestrali e assolute

potenti favori di colloqui freudiani

giù in fondo fino al rimosso

legami tramati con grandi madri

resuscita - redime

una tela infinita.

*

XIII

Rilassamento e tensione

relazioni in equilibrio relativo

un'idea nel contesto totale

nel suono

eco nel vuoto

dove nulla si perde

per dare spazio all'idea:

méta l'assoluto.

*

XIV

Paralleli alla vita
corrono i binari dell'onirico
quando è la notte
a proiettarsi in ombre allungate
verso la luce albina di tele accoglienti.

*

XV

Nodose convergenze

anatomiche tensioni

intrecciano tendini

riposa levigato il piano:

vuoti cartilaginei

traspaiono incubatrici

di vitali ambiguità.

*

XVI

Viva

avvolgente

scorza aderente

incuba il divenire:

matura il frutto

entro un guscio tepido

lievitano volumi

crescono molecole.

*

(dal 2006 al 2009)

minime

Stupendomi

Aurora virginale cresce

nei suoi rinnovabili colori

stupendomi!

Alchemico

Alimenta:

alchemico

rischiara la notte

Consuma

Essere bruciante:

non ti fidare sempre

avido consuma!

Sorprende

Sparisce:

strazia amanti

al gelo sorprendendo

Mancante

Fatuo:

al soffio del vento

all'aria mancante!

Danzavano

Nell'aria:

danzavano

all'alba surreale!

Respiro

Scenario:

d'intimo respiro

dove s'acquietano le foglie!

Tenta

Sempre:

stride qualcuno

si oppone e tenta!

Pensieri

Inonda:

pensieri

in fotogrammi scorre!

Sogni

Narra:

senza più velati sogni

tutto tace!

Orizzontale

Ionica memoria

s'estende l'orizzontale

visione del mondo!

Mosaico

Sono nato per conoscerti

per nominarti

libertà.

Paul Eluard

*

il desiderio di libertà tormenta lento,

affrettati non indugiare...

la natura riproduce altre figure.

ricompensando l'avverso destino con future fortune

rigenera con strepito riordina le mense

come giudico dal suo volto

rievoca nella memoria

scioglie i capelli

ritorna nuotando alieno da vane lodi

*

Un passo tra noi:

tenere il segreto

all'improvviso.

*

Delizia senza forma,

melodia del te

il mattino.

(omaggio a Emily Dickinson)

*

Una briciola di me

Dagli Oceani traversati,

dai racconti di battaglia,

da un'impronta di memoria,

dalla neve...

si posa sull'anima

senza parole,

si ode la tempesta

confondere nella terra

una briciola di me.

(omaggio a Emily Dickinson)

Incorporee essenze

in solida forma e ombra,

mare e riva,

corpo, anima,

umane memorie:

qualche solenne grazia

ci accompagna

d'apres E.A.Poe

Un colibrí d'amore

sapeva

con la luna

e i gelsomini:

pallido ramo

nel mio cuore,

lettere che dicono

per sempre

(omaggio a Garcia Lorca)

*

Ardente e nulla più

il mio paradiso

con un fiume che vuole

essere foglia

una fontana

sopra le fronde del vento

in un campo di stelle

che si aprono molto lontano

ardente

...

nulla più

(omaggio a Garcia Lorca)

*

L'alba senza fine:

e il corallo della vita

apre i suoi rami.

(omaggio a Garcia Lorca)

*

Immensamente ala

Come una marea

di creta bianca

ho visto incontenibilmente

mattine e tramonti

e dalle stelle, una rosa:

come acqua silenziosa

immensamente ala.

(omaggio a Pablo Neruda)

Nuvole sparse sui pini

piove sui fiori e

solitaria dura

e varia nell'aria:

ascolta.

Strumenti diversi,

immersi nello spirito:

l'accordo più sordo

sale una nota,

che manda una fronda,

ch'illude.

(omaggio a Gabriele D'Annunzio)

Questa pioggia

Ricorda senza tregua quel giorno
sorridente sotto la pioggia.
Ricorda senza tregua ...
Ricorda, ricorda quel giorno.
Non dimenticare,
sotto la pioggia,
quelli che amano
questa pioggia buona,
questa pioggia sul mare.
In nuvole sparisce:
lontano.

(omaggio a Jacques Prevert)

Paesaggio

Dormire accanto al cielo

e vicino ascoltare

sognando libri portati via dal vento

dall'alto vedere la mia luna

che canta e che germoglia

i grandi cieli sognanti, la stella nell'azzurro

fiumi salenti al firmamento

e la luna ancora;

vedere primavere, estati, autunni,

mai l'inverno intorno, orizzonti azzurri...

nei giardini, zampilli di baci

sera e mattino, infantile Idillio

per far nascere un sole ardente

in una tiepida atmosfera...

(omaggio a Charles Baudelaire)

In limine

Alfieri e cavalli

d'un tempo

tra i pruni e gli sterpi

navigando

l'ormai disabitato

afflato d'anima

rotta nella rete

di una nave corsara

mi sarà lieve

bottino di sogni

(omaggio a Eugenio Montale)

Il sole

Dimora sui monti la bellezza,

stagione verde giace nei vuoti

dormiente quando

alto c'illumina

e un vento di pineta

terge lontano

discorsi e discordie

e la testa appoggia

al guanciale di nuvole azzurre

(omaggio a Tan Chiudi Li Po 701-762)

Al di là

Immensità: sentimento s'innalza eretto da vero amore

Felicità in falsetto: una voce eterna voce di anima

è strazio del respiro ...respirando liberi abbandonati

silenzio: ci abbracciano emozioni

Un vento tiepido

mentre il sax langue e sciogli l'inguine

con le parole migliori quelle profonde

Limpida immagine: come sempreverde di pino gli aghi

caduti s'incontrano all'ombra del Padre

...i fantasmi del passato cadono...

(omaggio a Mogol

"Il mio canto libero")

La canzone addormentata

È stella viva:

una lucciola sulle mie labbra

al di sopra degli stagni

sopra valli, montagne, boschi,

nubi e mari.

Oltre il sole e l'etere

vola sulla vita

verso il cielo del mattino

al di là dei confini

delle sfere stellate

sulle onde o presso la riva

e le profonde immensità.

(Omaggio a Baudelaire ma anche un pò a Garcia...ma

cosa farei senza di loro?)

Sulla strada

ti sento:

sento già

una notte Blu

feeling ricordo

e cammino

e penso e

respiro te

Purezza e Fuoco

nella sera

di grilli e cicale

sempre noi

siamo sempre noi

d'estate quando

dondolano

lune piene

che fan pendant

*

(omaggio a Zucchero)

Unarosadinverno

I

Senza veli scorre lento
passo dopo passo cammina il tempo
e corre incontro al destino
per frenare urlando:
svelato ogni dubbio
rimane certo il mistero
di un interrogativo amore
immobile e muto!
Eppure è un sospiro,
un battito di cuore,
uno sguardo vivo...

Strade e percorsi
intrecciati a rigoli
come fiumi di lacrime
e discorsi vani irrigano
unarosdinverno

II

Il tempo avvolge
e inafferrabile scorre
tra nuvole amiche
che muovono oceani
di pensieri intrecciati
in ricordi odorosi
di sale e miele
cosparsi intorno
al grembo fruttato di
unarosadinverno

III

Navigazione d'acqua dolce
lungo sinuose performance
accarezza il lembo serico
onda che avanza lenta

Paesaggi scorrono
a nastri di tramonti tinti
sfiorando ovali visi
in profili di monti

Rimane desolata ancora
unarosadinverno

IV

Strazia la misura
questa mancanza
e
strazia il giardino
questa arsura

Stille come spilli
rilasci immobile
e
corrodi ogni filo
reciso sogno

Strazia e recidi

unarosadinverno

V

Amare metriche
legano partiti
e vincoli inseguono
regole e leggi
come letture
ingombre di ostacoli
dove note di musica
marciscono ad un sole
artificiale dove mai
potrà fiorire
unarosadinverno

VI

Silenzio sussurra
lentamente accorre
avviluppandomi suadente
in azzurri pensieri
fioriti e odorosi
di pianto e
nascosti tesori ritrovo:
splendore di serra per

unarosadinverno
dove ora giace
unarosadinverno

VII

Tinto in sangue
scorre nubi urlanti
quel cielo che più non osa
tramontare e resta immoto
di memorie e perdite
a vista d'occhio

con unarosadinverno
cogliendo
unarosadinverno

VIII

Saranno le spine
che sento strette
saranno le nevi d'aprile
di mari ormeggiati
intorno e ghiacci
di questi sguardi che
brillano mine

a redidere

unarosadinverno
a mietere
unarosadinverno

IX

Consumi
i miei giorni come fogli
e foglie d'autunno
stacchi e calpesti
senza sole
raggela il bacio
ed il saluto tuo
galleggia e non posa su

unarosadinverno

X

Rimarrà di me

un profumo di fragole
sul letto del fiume
che scorre sommerso
e rimarrà con te
quel sorriso che hai spento
infrangendo lo specchio
in quel giorno che il cielo
non più seppe piangere
osservando

unarosadinverno

XI

Ritorneranno quei giorni
d'estate sui fianchi
d'abiti sciolti e capelli
intrecciati a gelati
ritorneremo a correre
dormendo
alla pallida alba estiva
in sottofondo sciabordare
di spiagge deserte
in riviere liberty
di giardini dove giace
unarosadinverno

XII

Arabesco su pagina
e pelle scritta
con parole e suoni
carezze e schiaffi
di aggettivi e verbi
con molti punti
interrogativi per
unarosadinverno

XIII

Un ritorno che sia giardino

ricolmo di delizie e fontane

cervi e allodole

all'alba com al tramonto

dove possa fiorire

unarosadinverno

XIV

Controcorrente nuotando:

oceano intorno vortica

polveroso e triste

ed io mi perdo e soffoco

come

unarosadinverno

XV

Pensiero calpestato

di fango i sogni

specchiano

e nuvole di cioccolato

ora vedo riflesse

sui miei passi futuri

dove rinascerà

unarosadinverno

XVI

Non c'è mela che sia grande

ne gli States m'attendono

m'imbarco comunque

non c'è cuore che m'attende

ne traghetto che sia grande

m'imbarco comunque

parto per non morire

e lascio le mie spoglie nude

su questa riva in linea

lascio parole

vano testamento e svalutato dire

mi dilungo in saluti

muoio la vanità e parto...

Le ricette di Justine

Finocchio al pepe e un filo d'olio:
morbido osserva
carota avvinta in rucola.

*

Cuore di carciofo
Un sogno si realizza
Come un soufflè
Cresce cresce e svuota:
rimane afflosciato il pensiero
mentre il cuore di carciofo
aromatizza con garbo
il bisogno di un nuovo sogno

*

Millefoglie di dolce autunno

strati di carezze come onde

millefoglie cadono in dessert

come baci e carezze a strati

scivolano sul piatto

di una esistenza piatta

millefoglie colorate di panna

onde di abbracci

millefoglie in deserto dessert

*

Pan di Spagna va in vacanza

sospirando lontananza

di lavori impegnativi:

pan di Spagna cerca Alchermes

rosso liquido si intinge

Chantilly cerca riposo,

adagiata in riva al piatto mare

Pan di spagna non c'è più

ingoiato allegramente

era li, semplicemente!

breve vita e dolce gusto...

*

Pollo speziato

si atteggia a medioriente:

s'inebria d'esotico con mandorle,

l'uva sultanina incombe

dolce pretesa contrasta

palato delizia

*

Barchette di surimi e Gamberoni

giacciono in piatto in attesa:

ritorni in ritardo e distratto l'afferri,

spariscono alla vista e ti saziano.

Barchette ormeggiate

ferme, distante il tramonto

lambisce l'orizzonte.

Onirica

1

L'aria giacente calma nell'alito confuso
come un rumore forte nel silente viaggio
quando la luna dovendo riflettere
la stessa impressione dell'orma annichilente
dormendo nel vuoto di un ciclone di parole
- movimento lungo parapendii -
nel clamore circostante ruotante
linea di respiro insinuando
...lento il colore ruggine stridendo rugoso
la mattina come un fiore lasciato tra ossa quiete
in un cielo Starless e orfano d'acqua.

2

Del sospirato sogno

che su verdeggianti colline

come sabbia nel cuore,

in assenza di amore,

di baci assapora il desio:

con frutti gustosi e amanti,

mentre limpido è il cielo di animo indaco

riflette sacrale sentimento

...indaco, come il glicine della poesia;

è amore di poeti che la passione

accende in con-sensi...

- arcobaleno di parole

raccontaci la storia

di congiunti nell'arco felice!

3

Caduta e su questo suolo sparsa

di parole lucide imbrattata

quell'unica che ero, ricomposta

integritatis sfatta e sciolta

ripresa lenta e decisa

s'affaccia un giorno nuovo

dopo giorno debolmente infausto

alzando il capo all'orizzonte guardo.

4

Volanti le albe ardenti

giacciono ora in sonni quieti

del giorno le ore passando in crescendo

pensiero d'ombra nascente e distante

idee scolpite dipingendo insistente

linguaggio inventando idioma profuso

d'nfiniti arcobaleni tingendosi.

5

Smeraldo di foglie

lucenti ruscelli verdeggianti

con sguardi intesi a soffiare il silenzio

velati ricordi erompono

fuggevoli nuvole scorrono

incenerito argento affiora consumando il domani

nelle mani la fragilità porpurea:

...così si dipinge l'emotivo istante

lambendo e descrivendo

i moti del cuore circoscritti

su pagine e pagine di anni

in minuti sottili come secoli

vissuti istanti...

6

Esplose ardendo pigramente

intrecciando nell'acqua

trasparendo smeraldini azzurri

dormirono le onde

nelle fiabe del mare

maestosamente s'immersero

affacciando nuvole tepide

vibrarono emozioni

splendendosi rime

dipinte in melograni

volteggi di parole sussurrano

inchinandosi al giorno.

7

Nel silenzio appari

al fianco avvolgi lievemente

sussurra l'alito d'azzurro

immenso plana

d'angelo il sospiro

nel frastuono aleggiante

illesa.

8

Della luna

evanescente sfondo

soffiato all'eccessivo

cristallino e spiovente

illudendo il mondo antistante

mormorando incessante

insensato anelito d'acqua

aria liquida

gioia viva

pensiero alto

notti assorte

luna piena di mari, di onde e racconti

vessilli di sguardi declamanti

perduti d’inedia compiacente

per un’alba incredula

sazia di trasparenze.

9

Giorni compresi

al segreto e taciuti

vissuti in omaggio

non scritti

indefiniti dipinti

senza tempi scanditi

trascorrendo domande

ricordi investendo

allontanando un passato

e dal futuro attendendo

altri voli e sospiri

vivi e scritti a fuoco

nella vita

conservando inalterata

ogni storia dell'anima.

10

Un velo d'effimero

in tenebre oblianti dissolvendo:

adagio di campane tibetane

nel mattino che riemerso

trafigge cristalli d'oriente

in lunghe ombre eclissando talami.

Un canto danza indifferente:

lontano il sorgere dell'eremo.

11

Serico il lago
scivola sassi e mormora
specchia assolato brillanti lacrime
lucore scende al cuore stretto
in abbraccio arrotolando rovente
questo sole insistente e imperioso
regale maestà in cielo estivo:
veleggiano lontane idee albine.

12

Il cantico redentico

sinfonia cosmica

corale magistrale

inno di lode:

tutto giace in equilibrio e movimento sincrono

arpeggiando dialoghi all' unisono intento

stille di scintilla colorano l'aria opalina tepida

onirico presagio di risoluzione mondana

accolta in purezza di redenzione cosmica.

13

Anima di poesia in cattedrali astratte

pulpiti a strati scorrono veloci

in confessioni primordiali in lotta:

lo sguardo scivola a leggere tra sillabe

instancabili e inconcludenti.

Caritatis s'emana in elogio

mendicato e protendente:

è sete, è fame, è bisogno di sogno

vita in attesa esprimendosi ridondandosi...

14

L'addio sconosciuto incontra
un solo breve attimo d'attesa
ai margini infinitamente espansi
profumando uno sguardo estatico
d'una brezza dentro rami protesi:
il profilo ritagliando al fiato
dei gesti danzanti leggermente
nel fumo sottile e fatuo del buio
intravisto dentro i riflessi
d'un notturno binario
sempre in memorie

Unica

1

In gerundio (esprimendo)

Ozono mi ossigena i passi

che scalza porto sul viale

senza cicale e grilli oggi:

gravido il cielo come un mare sospeso

presagio di brezza estiva a lenire

le spalle tinte di viola rovente.

Ecco l'anima s'accompagna alla Musa

mio angelo al fianco,

mi prende per mano,

sussurra... Svegliati goccia di mare!

Svegliati fiore di lago! Svegliati cuore di donna!

...e la piuma si posa sul foglio

scrivendo intinta di lacrima e sale,

sangue di taglio, respiro cremisi,

fondale sommerso d'emozioni rimosso e

rimbalza parola su morbidi tasti,

giocando, ballando,

in gerundio esprimendo

tracce d'affreschi di abazie

medievali scenari umbri,

vestendo il saio consunto...

Cantico

2

A scrosci le parole (Piovendo)

camminando perdutamente sulla pagina

di un marciapiede in sillabe in fila indiana,

oh... mia musa, seguimi al riparo del vermiglio

ombrello a cuore aperto riparando dagli scrosci

in linea scritti come papiri arrotolati in verbi

delle anfore che il deserto conservando

cela tesoro di verità

colmando ogni sete:

piovendo.

3

Sempre vivo (Aprendo)

Aprendo un respiro in prospettiva

mi circondo di bellezza:

quanta vita, armonia intorno immergendo

nel Lete le parole di mia Musa, angelo...

bisbigliando ali in sillabe sottili

e piume colorandomi il pensiero

alla maniera di Charlot roteando il bastone muto

e vivo, sempre vivo e verde sempre narra!

4

Mio angelo (Inseguendo)

Inseguendo la bellezza

elogio contamina in nembi

di spettacolo tra fronde ondose

per l'aria permeante

verso gli incroci mobili

la dove mia Musa,

mio angelo soffi...

5

Spleen armonico (Bruciando)

Spleen armonico

in uno sfondo di triste dolore

interiore e profondo:

sprofonda nel folto dei tronchi

bruciando silenzi di echi estremi

gridando fraseggi alla luna

che muta divaga

tra nubi in notturno

vagante concerto di grilli resta

6

Salato (cantandoti)

Salato andirivieni di schiuma e trina

aspettami sulla riva, ritornerò

un giorno non lontano a te lontano verrò

immersa t'accarezzerò ogni onda

vastità indagherò fino al fondale

tra i tesori siederò cantandoti

(al mare)

7

Nel silenzio (Ascoltando)

Voci sovrapposte confondono
ogni linea netta e ogni interlinea opalina:
scompiglio di colore in cromatica moltitudine

Ne esco viva, nel silenzio appartata
allontanando esclamazioni e presunzioni
lusinghe imperanti scivolandomi cadenti

Nel silenzio riaffiora l'Unica quale sono
creatura attenta ascoltando col cuore
sfumature d'impercettibile perfezione

untitled

Apocalisse del cielo
a Tempio aperto in alleanza
appare Lei vestita di sole
mentre il drago precipita le stelle.
Solo il deserto la copre.

*

In ori di Ofir
sta la regina:
il pungiglione della morte
attenta insidioso mentre
i cantori inneggiano.

*

*

E' così fragile

ogni istante e mutamento

a mietere anzitempo.

Secoli e secoli

scorsi in un battito d'ali

nel tempo che ha una misura.

*

*

Lillà ricordo

con sopite radici

scivolando in fiale

alimentando

giardino largo, lungo

la sponda del lago

quieto in onde minute

e lente e liquido spande

il pensiero in liquor

di calice colmo, calice colmo

*

2006/2014

www.ingramcontent.com/pod-product-compliance
Ingram Content Group UK Ltd.
Pitfield, Milton Keynes, MK11 3LW, UK
UKHW020239250726
13967UKWH00001B/458